Ficha Catalográfica

(Preparada na Editora)

Xavier, Francisco Cândido, 1910-2002

X19p   *Palavras de Chico Xavier* / Francisco Cândido Xavier, Espírito de Emmanuel. Araras, 14ª edição, IDE, 2011.

128 p.

ISBN 978-85-7341-561-2

1. Espiritismo 2. Mediunidade-Pensamentos I. Emmanuel. II. Título.

CDD-133.9

-133.91

Índice para catálogo sistemático:

1. Espiritismo 133.9
2. Mediunidade: Entrevistas (Pensamentos): Espiritismo 133.91

Palavras de
Chico Xavier

14ª edição - outubro/2011
2ª reimpressão - abril/2016
5.000 exemplares
(168.001 ao 173.000)
© 1995, Instituto de Difusão Espírita

Internet:
http://www.ideeditora.com.br
e-mail: comentarios@ideeditora.com.br

Capa:
César França de Oliveira

Todos os direitos estão reservados. Nenhuma
parte desta obra pode ser reproduzida ou
transmitida por qualquer forma e/ou quaisquer
meios (eletrônico ou mecânico, incluindo
fotocópia e gravação) ou arquivada
em qualquer sistema ou banco de dados
sem permissão, por escrito, do
Instituto de Difusão Espírita.

INSTITUTO DE DIFUSÃO ESPÍRITA

Av. Otto Barreto, 1067 - Cx. Postal 110
CEP 13600-970 - Araras/SP - Brasil
Fones (19) 3543-2400
CNPJ 44.220.101/0001-43
Inscrição Estadual 182.010.405.118

www.ideeditora.com.br

IDE Editora É APENAS UM NOME FANTASIA UTILIZA-
DO PELO INSTITUTO DE DIFUSÃO ESPÍRITA, ENTI-
DADE SEM FINS LUCRATIVOS, QUE PROMOVE EXTENSO
PROGRAMA DE ASSISTÊNCIA SOCIAL, O QUAL DETÉM OS
DIREITOS AUTORAIS DESTA OBRA.

PALAVRAS DE CHICO XAVIER

EMMANUEL

SUMÁRIO

Palavras de Luz,
Hércio M. C. Arantes 8

Pensamentos .... 10 a 123

PALAVRAS DE LUZ

Aqui encontraremos, Leitor Amigo, uma coletânea de pensamentos preciosos emitidos pelo médium Chico Xavier, quando entrevistado em diversos momentos, sempre assistido por Emmanuel, o incansável Benfeitor Espiritual que supervisiona sua tarefa mediúnica desde os primeiros dias.

Todos os pensamentos que constituem este livro, claramente alicerçados em Jesus e Kardec, por elucidarem, com tanta simplicidade e sabedoria, temas dos mais complexos que interessam de perto a todos nós, podem ser considerados como raios de luz capazes de iluminar nossas mentes e aquecer nossos corações.

Que possamos todos, com a leitura e meditação destas Palavras, colher abençoados frutos de paz íntima e compreensão mais ampla.

Hércio Marcos Cintra Arantes

"Respeito os

estudos sobre o Apocalipse, mas não tenho largueza de pensamento para interpretar o Apocalipse como determinados técnicos o interpretam e situam. Mas, acima do próprio Apocalipse, eu creio na bondade eterna do Criador que nos insuflou de vida imortal. Então, acima de todos os Apocalipses, eu creio em Deus e na imortalidade humana, e essas duas realidades preponderarão em qualquer tempo da humanidade.**"**

"Dentro da

visão espírita-cristã, céu, inferno e purgatório começam dentro de nós mesmos. A alegria do bem praticado é o alicerce do céu. A má intenção já é um piso para o purgatório e o mal devidamente efetuado, positivado, já é o remorso que é o princípio do inferno."

"ACREDITAMOS

que para melhores esclarecimentos sobre médiuns e mediunidade, as obras de Allan Kardec devem ser consultadas e estudadas. Com todo o nosso respeito aos entrevistadores, devemos dizer que solicitar de nós uma explicação sobre Deus é o mesmo que pedir a um verme para que se pronuncie quanto à glória e a natureza do Sol, embora o verme, se pudesse falar, diria, com toda a certeza, da veneração e do amor que consagra ao Sol que lhe garante a vida.”

Chico Xavier

"AGORA, O

problema no Brasil, pessoalmente, opinião minha, o que deveria ser faceado pela comunidade brasileira como um dos problemas mais sérios é o problema do trabalho. O amor ao trabalho e a fidelidade ao cumprimento do dever. Se nós todos trabalharmos, se carpirmos a terra, se construírmos, se lidarmos com a pedra, com o barro, com a sementeira, com os fios; se tecermos; se todos nós nos unirmos para criar valores em nosso benefício, a pobreza deixará de existir.**"**

Chico Xavier

"NÃO POSSO

julgar os companheiros que sintam receio da mediunidade, porque a minha mediunidade realmente começou muito cedo, não tendo oportunidade de sentir medo, e isso, para mim, começou em criança em minha vida, e passou a fazer parte de minha existência atual.**

"Eu penso com

aquela assertiva do nosso André Luiz, um mentor que nós respeitamos, que se cada um de nós consertar de dentro o que está desajustado, tudo por fora estará certo.”

"Aprendi desde

muito cedo a venerar Nosso Senhor Jesus Cristo, na fé que minha mãe me transmitiu desde os dois anos de idade. Um dia, tendo perguntado a ela como orientar minhas preces, minha mãe ensinou-me a considerar Jesus como Nosso Senhor e Mestre. Nas rodopias do tempo, eu fui compreendendo que Jesus é realmente o Guia Espiritual da Humanidade, perante Deus, a quem nós chamamos, segundo o ensinamento dele mesmo, de Pai Nosso que está nos Céus."

"Nunca nos

cansaremos de repetir que mediunidade é sintonia. Subamos aos cimos da virtude e do conhecimento e a mediunidade, na condição de serviço de sintonia com o Plano Divino, se elevará conosco."

"ACEITEMOS

PALAVRAS DE

com humildade o concurso sagrado daqueles que se constituem nossos benfeitores nas Esferas Mais Altas e estendamos aos nossos irmãos mais necessitados que nós mesmos os braços fraternos que o Espiritismo envolve em bênçãos de revelação e de amor."

"QUANDO CADA

um de nós transformar-se em livro atuante e vivo de lições para quantos nos observam o exemplo, as fronteiras da interpretação religiosa cederão lugar à nova era de fraternidade e paz que estamos esperando.»

Chico Xavier

"A VITÓRIA NA

PALAVRAS DE

luta pelo bem contra o mal caberá sempre ao servidor que souber perseverar com a Lei Divina até o fim."

"SOMOS

companheiros otimistas no campo da fraternidade. Se Jesus espera no homem, com que direito deveríamos desesperar? Aguardemos o futuro triunfante, no caminho da luz. A Terra é uma embarcação cósmica de vastas proporções e não podemos olvidar que o Senhor permanece vigilante no leme.**"**

Chico Xavier

"O amor é

ciência de sublimação para Deus e a felicidade, para crescer, deve dividir-se. Não há ruptura de laços entre os que se amam no infinito do espaço e na eternidade do tempo. As almas afins se engrandecem constantemente repartindo as suas alegrias e os seus dons com a Humanidade inteira, não existindo limitações para o amor, embora seja ele também a luz divina a expressar-se em graus diferentes nas variadas esferas da vida."

"O amor é o

PALAVRAS DE

clima em que as menores expressões da vida, em todos os planos, crescem nos laboratórios do tempo, para a divina glorificação."

"Tenho aprendido

com os Benfeitores Espirituais que a paz é doação que podemos oferecer aos outros sem tê-la para nós mesmos. Isto é, será sempre importante renunciar, de boa vontade, às vantagens que nos favoreceriam, em favor daqueles que nos cercam. Em razão disso, seríamos todos nós, artífices da paz, começando a garanti-la por dentro de nossas próprias casas e dos grupos sociais a que pertençamos."

"ESPEREMOS QUE

o amor se propague no mundo com mais força que a violência e a violência desaparecerá, à maneira da treva quando a luz se lhe sobrepõe. Consideremos, porém, que essa obra, naturalmente, não prescindirá da autoridade humana, mas, na essência e na prática, exige a cooperação de nós todos.**

"Acreditamos que

42   PALAVRAS DE

as administrações na Terra, gradativamente, estão resolvendo o problema da penúria, mas até que o problema seja solucionado, admito seja nossa obrigação auxiliar-nos, uns aos outros, para que as provações da carência sejam atenuadas.**

"NÃO VEMOS

luta competitiva entre a Doutrina Espírita e as religiões tradicionais que zelam pela memória e pelos ensinos de Jesus. Ante o Evangelho do Divino Mestre, a Doutrina Espírita é portadora de princípios que aclaram com segurança as lições do Cristo, sem qualquer pretensão de superioridade sobre as organizações cristãs, sempre dignas do maior respeito."

"ACREDITAMOS

que o Criador nos fez ricos a todos, sem exceção, porque a riqueza autêntica, a nosso ver, procede do trabalho e todos nós, de uma forma ou de outra, podemos trabalhar e servir.

Quanto à felicidade, cremos que ela nasce na paz da consciência tranquila pelo dever cumprido e cresce, no íntimo de cada pessoa, à medida que a pessoa procura fazer a felicidade dos outros, sem pedir felicidade para si própria.**"**

Chico Xavier

"INDUBITAVELMENTE,

PALAVRAS DE

vemos o Espiritismo influenciando, não apenas no campo da Arte, mas em quase todos os setores da inteligência humana.**

Chico Xavier

"Não acreditamos

que criaturas humanas e comunidades humanas consigam ser felizes sem a ideia de Deus e sem respeito aos semelhantes."

"A ALMA HUMANA

não pode viver sem religião. Quanto mais o materialismo cresce, mais nosso Espírito tem saudade da união com Deus. Isso é nato em cada um de nós. Toda pessoa tem essa sede."

"Segundo

admitimos, o padrão ideal para a convivência pacífica entre as criaturas da Terra, está contido naquele inesquecível mandamento de Jesus Cristo: "Amai-vos uns aos outros, como eu vos amei". Quando este preceito for praticado, certamente usufruíremos a felicidade do Mundo Melhor com que todos sonhamos."

Chico Xavier

"CREIO QUE A

importância do Evangelho de Jesus em nossa evolução espiritual, é semelhante à importância do Sol na sustentação de nossa vida física."

"Não há ninguém

desamparado. Assim como aqui na Terra, na pior das hipóteses, renasceremos a sós, em companhia de nossa mãe, mas nunca sozinhos, pois no mundo espiritual também a Providência Divina ampara todos os seus filhos.

Ainda aqueles considerados os mais infelizes, pelas ações que praticaram e que entram no mundo espiritual com a mente barrada pela sombra, que eles próprios criaram em si mesmos, ainda esses têm o carinho de guardiães amorosos que os ajudam e amparam, no mundo de mais luzes e mais felicidade.**"**

Chico Xavier

"Temos aprendido

com os Benfeitores da Vida Maior que todos os três aspectos do Espiritismo são essencialmente importantes, entretanto, o religioso é o mais expressivo por atribuir-nos mais amplas responsabilidades de ordem moral, no trato com a vida.**

"EMMANUEL

costuma afirmar-nos que, sem religião, seríamos na Terra, viajores
sem bússola, incapazes de orientar-
nos no rumo da elevação real."

"SEGUNDO OS

mensageiros da Espiritualidade Maior, nós, as criaturas terrestres de todas as idades, superaremos as crises atuais e dizem, ainda, que as transformações aflitivas do Mundo moderno se verificam para o bem geral."

"Os NOSSOS

PALAVRAS DE

guias espirituais traduzem a nossa insatisfação, no mundo inteiro, como sendo a ausência de Jesus Cristo em nossos corações."

"PRECISAMOS

desalojar o ódio, a inveja, o ciúme, a discórdia de nós mesmos, para que possamos chegar a uma solução em matéria de paz, de modo a sentirmos que "os tempos são chegados" para a felicidade humana."

"NA IGNORÂNCIA

não conseguiríamos, como não conseguiremos, enxergar o caminho real que Deus traçou a cada um de nós na Terra.

Todos nós, sejamos crianças ou jovens, adultos ou já muitíssimos maduros, devemos estudar sempre.**"**

"A VIDA ESTÁ

repleta da beleza de Deus e por isso não nos será lícito entregar o coração ao desespero, porque a vida vem de Deus, tal qual o Sol maravilhoso nos ilumina."

"Ainda sabendo

que a morte vem de Deus, quando nós não a provocamos, não podemos, por enquanto, na Terra receber a morte com alegria porque ninguém recebe um adeus com felicidade, mas podemos receber a separação com fé em Deus, entendendo que um dia nos reencontraremos todos numa vida maior e essa esperança deve aquecer-nos o coração.**"**

"Acreditamos

que para que o homem atinja a perfeição não se pode menosprezar os valores do Espírito.

Todos estamos formulando votos aos Poderes Divinos que governam o Mundo e a Humanidade, para que o homem se volte para dentro de si mesmo a fim de que nós todos, dentro dessa interiorização, venhamos a compreender que sem os valores da alma não podemos avançar muito tão-só com os valores físicos que são praticamente transitórios.**"**

"MAS A PESSOA

sã, em plenitude dos seus valores físicos, pode perfeitamente estudar a própria mediunidade e ver qual o caminho que suas faculdades mediúnicas podem tomar. **"**

"OS NOSSOS

Benfeitores Espirituais nos esclarecem, frequentemente, que a Doutrina Espírita formula explicações mais lógicas, mais simples em torno dos ensinamentos de Nosso Senhor Jesus Cristo, explicações essas, que nós encontramos com muita riqueza de minudências nas obras codificadas por Allan Kardec. Mas, explicam também, que todas as religiões são respeitáveis e que nossa atitude, diante de todas elas, deve ser de extremada veneração, pelo bem que elas trazem às criaturas humanas e por serem igualmente sustentáculos do bem na comunidade em nome de Deus."

Chico Xavier

"Estávamos,

certa vez, sob chuvas de observações e eu pedi ao Espírito Emmanuel: "que fazer? dizem tanto mal..." e ele respondeu: "Olha, a boca do mal na Terra é como a boca da noite. Ninguém consegue fechá-la. Vamos trabalhar, trabalhar..."

Chico Xavier

"Cremos que,

PALAVRAS DE

em matéria de compreensão e ex-
periência, todos nos assemelhamos
aos frutos que o tempo vai amadu-
recendo a pouco e pouco."

"A MEDIUNIDADE

pode manifestar-se através da pessoa absolutamente inculta, mas os Bons Espíritos são de parecer que todos os médiuns são chamados a estudar a fim de servirem com mais segurança.**

"A SOLIDÃO É

boa somente para refletir, porque, sem dúvida, fomos criados para viver uns com os outros."

Chico Xavier

"CREIO QUE

todos nós, os religiosos das diversas correntes do pensamento cristão, estaremos unidos em torno de Nosso Senhor Jesus Cristo. Cremos que os espíritas, conquanto fiéis às interpretações de Allan Kardec, estarão sempre dispostos ao diálogo e ao entendimento com todos, para que alcancemos soluções adequadas à nossa paz e à tranquilidade geral.**"**

"NÃO PODEMOS

viver tão-somente da inteligência. Precisamos de amor para sobrevivermos a todas as calamidades necessárias ao processo evolutivo em que todos estamos envolvidos na Terra."

"A DIFICULDADE

ou a perturbação residem, efetiva-
mente, em nós mesmos."

"A IMORTALIDADE

é patrimônio de todos e com a fé na Sabedoria e na Bondade de Deus venceremos as nossas próprias lutas."

"A NOSSA

liberdade, tem o tamanho do nosso dever cumprido de uns para com os outros, sempre sob a luz dos ensinamentos de Jesus Cristo e do Evangelho que ele nos legou."

"O QUE MAIS

me decepciona é sempre a persis-
tência de meus erros, através do
tempo e da vida."

"A VIDA É UM

dom de Deus que nos cabe aperfeiçoar cada vez mais, valorizando-o pela utilidade que possamos ter em favor dos outros e pela aquisição de conhecimentos ou recursos dignos que nos façam cada vez mais úteis.**

"O TRABALHO

foi sempre para mim uma bênção de paz e refazimento, com o qual encontro o esquecimento, pelo menos temporário, das imperfeições que carrego."

"Creio que

a melhor sugestão para o êxito em questões de relacionamento humano é aquela de Jesus quando nos recomenda: "Amai-vos uns aos outros como eu vos amei". Entre esposo e esposa, além desse pedido inesquecível do Senhor, creio que seria excelente nunca se esquecerem de que em se desposando, um ou outro, não recebiam um Anjo e sim uma criatura humana em aperfeiçoamento."

"Jesus, quando

nos recomendou entregar os nossos julgamentos aos juízes, para que não venhamos a julgar erradamente uns aos outros, compreendia, decerto, que, geralmente, temos, digo isso de mim – determinado grau de periculosidade e que, em virtude disso, precisamos da misericórdia de todos."

Chico Xavier

"O CAMINHO

da felicidade, bem sei qual é. É o caminho que Jesus nos apontou, ensinando-nos a "amar ao próximo, tal qual Ele mesmo nos ama e nos amou".**

"PENSO QUE

esmola nunca prejudica, porque a alegria de auxiliar é sempre maior que a alegria de receber. Neste assunto, creio que as facilidades excessivas para quem não se preparou convenientemente para recebê-las, em real proveito de si mesmo ou em proveito dos outros, é que gera muitos desequilíbrios que poderiam talvez, ser evitados."

"A CONQUISTA

da fé, a nosso ver, se faz menos penosa quando resolvemos ser fiéis, por nós mesmos, às disciplinas decorrentes dos compromissos que assumimos."

"OS PAIS SÃO

educadores responsáveis e, por isso mesmo, a primeira escola de cada criatura é o lar em que nasceu.**"**

"O AMOR

verdadeiro é aquele que Jesus exemplificou: aquele que se doa com sentido e espírito de sacrifício, para que a pessoa amada se faça feliz, pois toda vez que nós desejamos algo de alguém, ou que nosso amor pede algo de alguém, ele tem sempre matizes de egoísmo."

"EMMANUEL

sempre nos diz que nos achamos num caminho de trabalho pela confraternização e valorização de cada criatura em si, motivo pelo qual admito que o diálogo entre nós, os cristãos de qualquer procedência, é sempre necessário e construtivo."

"A MORTE,

a meu ver, é mudança de residência sem transformação da pessoa, porque a vida continua com tudo aquilo que colocamos dentro de nós; seja o bem, ou seja a ausência do bem, aquilo que nós denominamos o mal. Nós passamos para outra vida, com aquilo que fizemos de nós mesmos.”

Relação de livros consultados

1 - *A Terra e o Semeador*
   F. C. Xavier/Emmanuel
   Edição IDE

2 - *Encontros no Tempo*
   F. C. Xavier/Emmanuel
   Hércio Marcos C. Arantes
   Edição IDE

3 - *Entender Conversando*
   F. C. Xavier/Emmanuel
   Edição IDE

4 - *Entrevistas*
   F.C.Xavier/Emmanuel
   Edição IDE

5 - *No Mundo de Chico Xavier*
   Elias Barbosa
   Edição IDE

Conheça mais sobre a Doutrina Espírita através das obras de Allan Kardec

www.ideeditora.com.br

LEIA TAMBÉM

O Encontro dos Oito
Antonio Lúcio - Espírito Luciano Messias

ISBN: 978-85-7341-532-2 | **Romance**
Páginas: 224 | **Formato:** 14x21

Vinte dias em Coma
Wilson Frungilo Jr.

ISBN: 978-85-7341-544-5 | **Romance**
Páginas: 336 | **Formato:** 14x21

O Amor me Salvou
Telma Magalhães

ISBN: 978-85-7341-502-5 | **Romance**
Páginas: 288 | **Formato:** 14x21

Atenção
Chico Xavier - Emmanuel

ISBN: 978-85-7341-486-8 | **Mensagens**
Páginas: 128 | **Formato:** 14x21

Paz e Renovação
Chico Xavier - Espíritos Diversos

ISBN: 978-85-7341-463-9 | **Mensagens**
Páginas: 224 | **Formato:** 14x21

Meditações Diárias
Chico Xavier - Emmanuel

ISBN: 978-85-7341-449-3 | **Mensagens**
Páginas: 160 | **Formato:** 14x21